AF312312

CONCILIATION INTERNATIONALE

✦ ✦


# La politique extérieure de la France

∞

# Le respect des autres Races

PAR

M. D'ESTOURNELLES DE CONSTANT, SÉNATEUR DE LA SARTHE

❖ ❖

*N° 12 -- DÉCEMBRE*

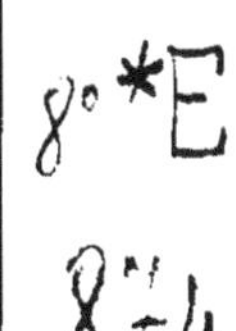

LIBRAIRIE CH. DELAGRAVE

15, RUE SOUFFLOT, PARIS

—

— 1910 —

# La politique extérieure de la France en 1910

## et la paix internationale

* * *

C'est tout de même un grand progrès qu'on puisse aujourd'hui dresser publiquement, chaque année, le bilan de notre politique extérieure. Il y a quinze ans, ce vaste domaine était réservé à un petit nombre d'initiés ou d'intéressés ; le reste du Parlement, ayant la consigne de se taire, attendait de l'ignorance générale la force morale nécessaire au Gouvernement pour se tirer d'embarras. Le moment venu, on évacuait l'Egypte, on renversait Jules Ferry à la veille de son accord avec la Chine, etc., etc. Cela s'appelait « rester dans la tradition diplomatique » ; celle de Louis XV en effet.

Les choses ont prodigieusement changé depuis lors. Je ne me fais pas d'illusion ; ce que nous ignorons encore dépasse infiniment ce que nous savons, mais l'opinion n'est plus fermée aux choses du dehors ; c'est toujours cela.

On peut maintenant établir tant bien que mal le bilan d'une année diplomatique ; nous nommons au Sénat, comme à la Chambre des Députés, une Commission des Affaires Extérieures ; nous avons, dans chaque Assemblée, un Budget qu'on ose discuter, quand on n'est pas trop bousculé, ou tout au moins, un Budget que l'on rapporte. Dans chaque Assemblée la rédaction de ce rapport est confiée à des représentants d'élite que n'effraie pas le cours nouveau de la politique étrangère. Au Sénat l'honorable M. Ch. Dupuy encourage le développement des institutions de Justice et de Conciliation Internationales ; il réserve une place privilégiée au compte rendu des progrès de l'œuvre de La Haye.

A la Chambre, on vient de nous distribuer le rapport de mon ami Paul Deschanel et je suis sûr d'avance que ce rapport, toujours brillant et solide, n'omettra rien de ce qui peut être publié. Là vous trouverez l'énumération fidèle des affaires ou questions traitées par les Bureaux du Quai d'Orsay depuis un an. Vous y mesurerez les progrès de la pacification du Maroc et, sur ce point, je ne ferai pas de réticences. Je répéterai, une fois de plus, que légataires du passé, mandataires de l'Europe, nous ne sommes pas libres de faire au Maroc des expériences à notre guise. Il est impossible qu'un Gouvernement, quel qu'il soit, ne vive pas de compromis pour avoir la paix au Maroc. J'ajouterai, pour être tout à fait sincère, que nous avons à Tanger un Ministre que j'ai vu à l'œuvre, M. Regnault ; je suis convaincu qu'aucun Gouvernement et aucun pays ne pourra être mieux représenté dans un poste aussi difficile. M. Regnault n'a jamais été l'instrument de personne, pas plus des colons que des militaires ; il est plutôt, il a toujours été, en Tunisie, l'homme de confiance des indigènes, c'est-à-dire l'homme juste et courageux qui les protège contre l'arbitraire et, au besoin, contre nos propres abus. Pour tout dire, j'affirmerais que, si M. Jaurès était Ministre des Affaires Etrangères, c'est M. Regnault qu'il aurait choisi pour nous représenter au Maroc.

Au fond j'admire que M. Regnault ait relativement échappé à la férocité de nos critiques nationales, car le sort d'un bon fonctionnaire comme lui est d'être attaqué par les violents et les perfides sans être défendu par les autres. Là, encore, il y a progrès.

Vous me permettrez, faute de place, de ne rien dire des chemins de fer et de nos œuvres en Ethiopie, ou de la délimitation si longtemps ajournée des frontières turco-tunisiennes ; ou encore du Libéria. J'omettrai de même, en Asie, quelques faibles signes de notre activité économique à Bangkok, ainsi que la question importante de l'Inspection des Finances et celle du monopole des fouilles archéologiques en Perse. Il y aurait à parler pourtant du renouvellement de notre traité de Commerce de 1898 au Japon, et de l'Emprunt de 480 millions, et de la non-exécution assez fâcheuse de la sentence arbitrale de La Haye relative aux Baux perpétuels ; mais j'ai hâte d'arriver au plus pressé, à ce que les rapporteurs du Budget seront moins libres que moi pour discuter.

La péninsule des Balkans nous offre, cette année, plus de difficultés que de progrès. A part notre entreprise d'un réseau de routes toujours réclamé, à peine commencé, à part nos conventions pour la construction de deux nouvelles lignes de chemin de fer, il semble que toute activité soit arrêtée en Turquie ; bien plus, nos bonnes relations seraient compromises avec les Jeunes Turcs, subitement passés dans la clientèle de l'Allemagne. En est-il ainsi vraiment ? On nous assure que notre très distingué représentant financier, M. Laurent, a été trop raide, trop intransigeant et n'a pas fait assez la part des faiblesses d'une administration trop longtemps corrompue et qu'on ne peut espérer changer qu'avec beaucoup de patience et de tolérance.

J'ai vu nos plus remarquables inspecteurs des Finances, avant 1882, nous faire perdre l'Egypte.

C'est un des inconvénients de l'implacable sévérité nationale que nous mettons à juger nos semblables ; elle n'est pas applicable à l'étranger ; elle aboutit à des ruptures, à des catastrophes, alors qu'il faudrait des remèdes.

Notre Ambassadeur, M. Bompard, doit savoir, mieux que personne, si j'ai raison de penser ainsi, pour le présent, comme pour le passé. Ce serait toutefois tomber d'un excès dans l'autre que de faire remonter à l'excès de vertu de nos représentants toute la cause du dissentiment Franco-Turc actuel ; peut-être n'est-il pas mauvais, après tout, que nous nous soyons signalés par cet excès de vertu, vis-à-vis de certains Gouvernements étrangers qui prennent si volontiers le deuil de la morale française et de « la Babylone moderne ».

Passons au fait : l'Allemagne a réussi cette opération discutable de vendre ses vieux cuirassés à la Turquie, et la Turquie, enfant prodigue, s'est laissé faire. Est-ce à dire qu'elle sera reconnaissante à la diplomatie allemande d'un tel succès ? Attendons la fin. Je sais gré, à M. Pichon de son échec sur ce terrain. C'est une erreur de croire que la vente de nos rossignols ou crocodiles cuirassés constitue encore aujourd'hui ce qu'on appelait jadis une victoire diplomatique. Nous avons remporté ainsi plus d'une victoire qui nous coûta cher : sous l'Empire, pour n'en citer qu'une, le Gouvernement français obligea le bey de Tunis à se constituer une flotte ; moyennant quoi le Bey fit faillite. Que n'a-t-on pas fait en Egypte et ailleurs dans ce même ordre d'idées ?

Quand la Turquie aura acheté à l'Allemagne des cuirassés inutiles, pour avoir le droit de lui emprunter de l'argent et pour consacrer cet argent à d'autres achats de matériel militaire, qui dont profitera de son embarras ? Personne, pas même l'Allemagne ; car personne ne profite du désordre et de l'anarchie. C'est un spectacle peu édifiant que celui des Etats qui devraient moraliser le Gouvernement Turc dans l'intérêt de tous et qui le poussent, au contraire, à retomber dans ses vieilles fautes traditionnelles. De quel côté est le beau rôle dans cette affaire ? De quel côté le rôle vraiment amical pour la Turquie, le rôle moral et, par conséquent, vraiment politique ? Du côté de l'Allemagne ou de la France ?

Quoi qu'il en soit, espérons que nos dissentiments avec la Turquie ne seront pas poussés à l'extrême : l'intérêt des Turcs, l'intérêt de la civilisation est d'accord avec la politique française de progrès dans la paix. Il est naturel, il est sage que notre Ministre des Affaires Etrangères ait refusé de fournir à la Turquie de l'argent français pour payer les vieux cuirassés Allemands et autres folies analogues, mais il ne faut pas qu'on s'y trompe à Constantinople : la France est favorable à la Turquie, elle ne demande qu'à stimuler son développement économique, agricole, industriel et commercial. Que la Turquie fasse des routes, des chemins de fer, des ports, des canaux, des ponts, qu'elle organise sur son territoire l'instruction, l'ordre financier, la justice, la sécurité ; qu'elle mette en valeur ses incomparables ressources par des dépenses productives au lieu de les paralyser par des gaspillages, la France toute entière ne demande qu'à lui tendre la main et à la préserver des pièges. Nous n'encouragerons pas les Grecs, ni personne, à abuser de l'effort de rénovation des Jeunes Turcs pour leur arracher des concessions que le régime hamidien n'aurait jamais consenties, nous ferons en sorte que la question crétoise soit équitablement résolue, sans injustice pour les populations grecques, sans injure pour le gouvernement Ottoman.

Nous ne parlerons pas aujourd'hui du *Royaume* du Monténégro.

En Serbie la question des commandes de matériel de guerre et celle des emprunts est trop liée à notre gré. La France ne peut-elle vendre autre chose à l'étranger que des fusils ou des canons ?

Je voudrais ici, incidemment, insister d'une façon générale, sur ce point que j'ai souvent indiqué, mais sur lequel j'aurai longtemps encore à batailler.

Quand la France comprendra-t-elle que la question des emprunts et la question des commandes, quelles qu'elles soient, ne devraient pas être liées ?

Il y a là un troc non seulement choquant mais enfantin. On ne force pas un gouvernement, et encore moins un pays étranger, à devenir le client de la France, à nous acheter des machines, des soieries, des objets d'art, pas plus que des armes. Ce sont là des marchés sans lendemain. Laissons de côté, pour aujourd'hui, la question de savoir s'il est bon ou non de prêter le surplus de l'épargne Française à l'étranger ; il y aurait trop à dire à ce sujet ; mais, quand nous consentons un prêt, devons-nous réclamer en retour et immédiatement des commandes ? Je réponds *non*. Non, dans l'intérêt de notre industrie, de notre commerce. Notre intérêt est d'amener à nous la clientèle par l'attraction de la qualité de nos produits. Cette qualité est incontestée ; pourquoi chercher à forcer le cours naturel de la demande qui vient à nous ; on le voit bien par l'énorme accroissement de notre richesse nationale ? C'est une complication, une erreur qui nous fait gagner péniblement quelques millions, mais qui nous fait perdre bien davantage en portant atteinte à la considération de notre fabrication nationale.

Le gouvernement français se croit obligé de faire du zèle et d'imiter, plus ou moins mal, — car nous sentons bien que c'est une erreur, — les procédés d'autres gouvernements qui s'aliènent, en fin de compte, le marché du monde en plaçant à tout prix la camelotte de leurs industries nationales trop exigeantes. Ma conviction a toujours été, au contraire, que la méthode la plus habile, la plus pratique pour nous, serait de ne pas imiter ces gouvernements et de ne pas imposer des commandes aux étrangers ; plus la France sera libérale, ouverte, accessible, plus les étrangers viendront s'approvisionner chez elle des moyens qu'ils ne trouvent pas ailleurs de bien vivre intellectuellement et matériellement chez eux. Qu'elle continue à travailler supérieurement et se fasse surtout mieux connaître ; voilà l'essentiel de sa politique économique.

En Bulgarie, la question de l'abrogation des capitulations est comme toujours liée aux progrès de l'organisation de la justice nationale. Souhaitons que ces progrès soient assez rapides, dans cet admirable pays d'avenir, pour en finir le plus tôt possible avec le régime d'exception que les vices du désordre antérieur n'avaient que trop justifié. Nous avons là, sur le chantier, tout un ensemble de conventions nouvelles à conclure avec la Bulgarie touchant les questions consulaires, judiciaires, d'établissement et d'extradition qui ne peuvent être rédigées à la légère.

Je comptais parler un peu longuement de l'Amérique ; mais un article entier n'y suffirait pas.

La France, enfin, a renoncé à l'effacement ou au dédain qui trop longtemps ont caractérisé sa politique à l'égard du Nouveau-Monde. Après nos désastres, il était naturel que notre Diplomatie fût réservée et que son attention fût concentrée sur les graves problèmes de la politique européenne. Mais depuis que nous avons recruté des alliés, des amis, nous avons cessé d'être isolés. Nous avons repris moralement la place que nos revers matériels nous avaient fait perdre, et, bien que bon nombre d'hommes politiques et de soi-disant penseurs affectent, en France surtout, de désespérer de la France, l'opinion générale nous rend justice ; il ne dépend que de nous d'améliorer et d'étendre nos relations.

M. Pichon, fort heureusement, a représenté autrefois la France dans l'Amérique du Sud ; là, il a pu se rendre compte de l'erreur grossière commise à Paris quand nos Bureaux du Quai d'Orsay considéraient que les jeunes Républiques latines n'existaient pas. Elles avaient deux torts, en effet, pour la Diplomatie de cette époque, celui d'être des Républiques et celui d'être éloignées. Je suis heureux que des Français de haute activité, tels qu'Anatole France, Baudin et Clémenceau, aient été là-bas porter la parole et se soient montrés moins difficiles que nos Agents de la carrière.

Certainement quand il a parlé de la guerre à ces jeunes peuples qui, pour être libres et prospères, doivent, avant tout, vivre dans la paix, M. Clémenceau a tenu un langage bien différent de celui que j'aurais voulu tenir, mais c'était, quand même, du français, de l'esprit français et, après tout, si Voltaire vivait encore et s'il allait faire applaudir dans la République Argentine quelques-uns de ses puérils mais étincelants paradoxes, ce serait tout de même Voltaire et le public saurait bien faire la part, comme le fit la postérité, entre la masse du bon grain et le mauvais.

Je continuerai pourtant à déplorer que notre Diplomatie n'ait pas encore de doctrine et, pratiquant dans le Nouveau-Monde ce qu'elle condamne heureusement à Constantinople, s'obstine à ne pas comprendre qu'elle doit partout donner l'exemple et considère que le placement des cuirassés ou simplement des torpilleurs est une de ses essentielles fonctions. Je le regrette d'autant plus que notre Diplomatie est honnête et n'agit ainsi que par un patriotisme mal entendu.

L'Exemple du Brésil sera pour nous une leçon.

Poussé par l'ardeur passionnée de son patriotisme, mon collègue et ami Paul Doumer, — et d'autres orateurs français à sa suite, — ont été célébrer au Brésil la gloire du militarisme et des armements européens. Qu'a répondu le Brésil ? Obéissant à cette propagande bien moderne, avec une logique irréprochable, le Brésil s'est adressé au plus militariste des Etats, à l'Allemagne, pour organiser son armée, et au plus marin, à l'Angleterre, pour lui fournir des cuirassés. Et nous avons la candeur de nous plaindre ! ! ! Nous trou-

vons qu'il a trop bien profité de nos conseils !
C'est pourquoi il fallait lui en donner d'autres sur
tant de terrains où nous avons, nous, la vraie
supériorité.

Le malheur, qui n'est pas risible, c'est que
toutes ces dépenses improductives et ruineuses
aboutissent à des mécontentements, à des désor-
dres dont l'Europe et le monde entier subiront le
contre-coup. Je rêve d'aller en Amérique, dans
toute l'Amérique, porter la contre-partie, le contre-
poison des doctrines militaristes et démontrer que
les Américains pourraient sauver l'Europe du
danger croissant de la paix armée, s'ils consentaient à lui donner de bons exemples, au lieu de
suivre les nôtres, s'ils consentaient à opposer le
spectacle de l'Union, de l'organisation américaine
à celui de l'anarchie européenne.

Le Mexique n'a pas de flotte, le Canada n'a pas
d'armée, et cependant l'un et l'autre ont pu s'en-
tendre avec leur redoutable voisin et régler par
l'Arbitrage des questions inextricables, jugées
insolubles. Tout cela est très relatif. L'un se
contente d'une marine, l'autre d'une excellente
armée. Ce qui convient à l'un ne convient pas
à l'autre et inversement. N'en déplaise à notre
honorable amiral Fournier, laissons chacun organiser à sa manière et selon ses moyens sa propre
défense. Que la France ait une forte armée
nationale, qu'elle assure la défense de ses côtes et
de la Méditerranée, sans chercher à gagner des

batailles navales en haute mer ; que l'Angleterre ait, au contraire, une bonne marine, avec des côtes bien protégées ; mais prenons garde, les uns et les autres, de ne pas trop pousser à la consommation des armements, à la militarisation du globe ; c'est travailler pour le Socialisme uniquement.

Si j'insiste sur l'intérêt immense qu'a l'Europe à favoriser l'ordre et la paix en Amérique, c'est qu'elle sera payée de retour ; j'ai toujours cru au remède plus qu'au péril américain. La sécurité du lendemain est tellement indispensable à l'Etat moderne, particulièrement à un jeune Etat, que cette vérité élémentaire, nous revenant d'outre mer, convaincra l'Europe ; nous finirons par comprendre que les peuples les plus prospères sont ceux dont les dépenses improductives sont le plus limitées ; nous comprendrons l'enseignement économique qui ressort, par exemple, de la prospérité de la Belgique, de la Hollande ou de la Suisse ; nous comprendrons surtout qu'on ne peut pas indéfiniment mener de front les dépenses sociales, les dépenses économiques et coloniales et les dépenses militaires ; il faut opter, ou ne consentir les unes qu'aux dépens des autres.

Tout cela est vrai pour la France comme pour toute l'Europe, comme pour tout le monde, mais c'est la France qui a la mission d'avertir les autres du danger. Pourquoi ? Elle est la plus désintéressée, étant la plus riche ; elle a le passé militaire le plus glorieux ; à toute occasion, même quand les circonstances semblent l'accabler, elle prouve et rappelle son indomptable vitalité. Elle a souffert, et le malheur qui n'a pas pu l'abattre l'a instruite. Elle est qualifiée pour dire aux autres : n'allez pas plus avant dans cette voie ; particulièrement à l'Amérique née de l'énergie de ses explorateurs et de ses marins, libérée par la contagion de la foi française.

C'est pourquoi j'ai applaudi aux fêtes organisées pour le centenaire de l'Indépendance dans la République Argentine et au Chili. J'ai approuvé l'envoi de nos navires de guerre à New-York pour commémorer le trois-centième anniversaire de la découverte d'Hudson, et de même à Buenos-Ayres, à Montevidéo, à Rio, au Chili. Je voudrais, je l'ai dit cent fois à ceux qui dénaturent à plaisir ma pensée, je voudrais que notre marine fut assez légère, assez mobile pour naviguer et pour cesser de se confiner dans nos ports. Sa grandeur l'attache au rivage. Les voyages d'une escadre représentant plus de cent mille tonnes sont une ruine pour le budget ; ces manifestations ostentatoires un peu moins rares aujourd'hui qu'hier, par l'effort personnel du ministre actuel de la Marine, resteront néanmoins toujours exceptionnelles ; elles pourraient être bien différentes si nous nous contentions de faire naviguer nos marins et de montrer non pas des escadres mais notre pavillon. J'ai vu maintes fois l'heureux effet

que produit dans un port étranger lointain l'appa-
rition d'un vaisseau français, et quel concours
inappréciable nos marins apportent à la propagande en faveur des idées françaises, quand un
de nos bâtiments seulement vient rappeler notre
existence. J'ai vu le Lavoisier allumer l'enthousiasme des populations norvégiennes en se pré-
sentant, visiteur courtois, de port en port,
jusqu'aux extrémités glacées du pays. Tout une
escadre n'eut pas mieux fait. Toute une escadre
fait le contraire ; elle stimule les rivalités ruineuses, au lieu d'entretenir les relations cordiales.
Mais passons.

On a bien fait de prodiguer au nouveau Président de la République Argentine, à mon ancien
collègue de La Haye, M. Saenz-Pena toutes les
attentions qu'il mérite en France, car il est
Français de cœur et d'esprit. On a bien fait
d'accueillir le Président de la République du
Brésil et de lui montrer la France, sans trop
oublier qu'il existe dans notre pays autre chose
que des fabriques d'armes à faire visiter aux
étrangers. On a bien fait de fêter le Président
Roosevelt. Toutes les critiques au-devant des-
quelles ce lutteur incorrigible se précipite à poings
fermés n'empêcheront pas qu'il a rendu un
immense service à la paix du monde, le jour où
il a désensorcelé la Cour de La Haye. C'était en
1902. Il était de mode alors de ne pas croire à la
nouvelle institution et de s'en moquer ; les Gou-

vernements, se refusant à la faire vivre, préten-
daient qu'elle n'existait pas ; elle était l'enfant
qu'on n'attendait pas et qu'on répudiait. Le
Président Roosevelt a donné à l'Europe précisé-
ment l'un de ces exemples de foi et de fermeté
que je sollicite de l'Amérique, en sauvant la Cour
de La Haye contre les Gouvernements qui la
déclaraient mort-née. Nous ne manquerons
jamais de lui témoigner, pour ce bienfait, notre
admiration reconnaissante.

La vraie difficulté pour la France avec les
Etats-Unis du Nord, la difficulté foncière et
croissante, dans toutes les relations internationales, est celle des tarifs douaniers. Je n'ai pas
besoin d'en parler, mais n'oublions pas que les
tarifs ne sont qu'un moindre mal auprès du fléau
que constitue pour le commerce international
l'application de ces tarifs.

Le Groupe de l'arbitrage que j'ai l'honneur de
présider au Parlement a proposé un moyen pratique, assez bien accueilli, d'atténuer ces difficultés
d'application.

N'est-il pas déplorable et inadmissible de cons-
tater que les relations de la France et des Etats-
Unis, peuvent être compromises par l'intransi-
geance ou la partialité, ou l'incompétence qu'un
douanier peut apporter dans la perception des
droits dont il a la charge ? S'il se trompe, s'il
abuse de son erreur, met en doute la bonne foi

d'un importateur, voilà des marchandises arrêtées, des amendes, des confiscations prononcées.
C'est pourtant ce qui se produit chaque jour dans
tous les bureaux de douane de tous les pays. Il
serait si simple d'instituer des commissions
spéciales chargées de régler à l'amiable ces différends, de façon à ne pas les laisser s'accumuler,
se multiplier, s'aigrir et se compliquer finalement
de représailles, au point de rendre le commerce
impossible et de transformer pratiquement des
tarifs déjà trop élevés en droits arbitraires ou
prohibitifs.

Nous espérons que le Gouvernement, les Gouvernements ne se désintéresseront pas de cette
question minime en apparence, importante en
réalité. Les bonnes relations internationales s'améliorent et s'organisent, non pas avec de belles
phrases et de grands mots pacifiques, mais avec
des soins, des scrupules, des précautions, de bons
procédés.

On nous reproche souvent de caresser des
chimères ; la chimère n'est pas de notre côté, elle
est avec ceux qui s'imaginent que le Monde peut
indéfiniment concilier les exigences du progrès
moderne avec les routines d'autrefois.

Je voudrais dire quelques mots du voyage de
notre Délégation parlementaire française en Russie, au printemps dernier ; je voudrais surtout
parler des relations anglo-allemandes qui inté-

ressent la France au plus haut point ; chacun comprenant aujourd'hui que la politique extérieure d'un pays est l'art de compter avec la politique intérieure des autres, ou, pour parler plus simplement, est la conciliation des vrais intérêts de chacun ; mais l'Amérique m'a entraîné. Un autre jour je dirai l'intérêt qu'a la France, quoi qu'on en pense, à favoriser les bonnes relations entre l'Allemagne, l'Angleterre et la Russie ; je voudrais montrer aussi comment l'action conciliatrice de notre pays a été de beaucoup, depuis quelques années, la plus habile des politiques, et comment la République s'est imposée aux yeux du Monde, non seulement par son noble effort de régénération, par l'organisation de sa défense, comme par le progrès de son enseignement, mais par son respect du Droit, par son attachement à la Paix, par ses encouragements positifs et persistants à l'œuvre de La Haye.

D'Estournelles de Constant.

*Le respect*

*que doit la race blanche*

*aux autres races*

# Le respect que doit la race blanche aux autres races

** **

COMMUNICATION ADRESSÉE PAR M. D'ESTOURNELLES DE CONSTANT

AU PREMIER CONGRÈS UNIVERSEL

DES RACES QUI DOIT SE TENIR A LONDRES EN 1911

Je ne parlerai pas de nos devoirs ; je me borne à faire appel à notre intérêt.

L'intérêt de la race blanche est de voir clair, de mesurer la masse innombrable des populations que nous avons dominées jusqu'à ce jour et que notre orgueil a cru pouvoir définitivement classer comme inférieures. Cette classification s'explique dans une certaine mesure car il est clair que les populations si diverses qui occupent la surface du globe n'ont pas été toutes également partagées, les unes sont favorisées, d'autres durement éprouvées par le climat, par la nature du sol, par les dispositions de leurs voisins, par les péripéties de leur histoire ; il est des populations indigènes très malheureuses, odieusement opprimées par d'autres indigènes et pour lesquelles la conquête des blancs a été un secours et même le salut. Mais cela dit, il faut ajouter aussi que cette classification a permis, pendant des siècles, à une minorité d'exploiter sans scrupules et sans limite une majorité d'êtres humains moins privilégiés.

Aurait-on jamais toléré l'infamie de la traite des nègres si on ne l'avait pas justifiée en abaissant ces malheureux à la condition d'un bétail ou d'un gibier? Et cette condition a été si bien établie dans nos mœurs qu'il a fallu, en dépit de l'abolition de l'esclavage, fonder des sociétés pour la protection des indigènes dans le même esprit que les sociétés pour la protection des animaux.

Nous avons donc bien du chemin à faire pour nous affranchir de nos préjugés de races, parce que ces préjugés nous conviennent et ne sont au fond que des prétextes. A côté de ses instincts généreux qu'il est impossible de méconnaître, la race blanche étant la race dominante a trouvé commode de se qualifier de race supérieure pour mettre bien des abus au compte des exigences de la civilisation. Ce n'est pas par amour du progrès que nous dépouillons les indigènes de ce qu'ils possèdent !

Si la race blanche était plus sincère, si elle appliquait simplement les principes chrétiens qu'elle reproche aux races soi-disant inférieures de ne pas connaître, elle s'inspirerait du plus élémentaire de ces principes : « Ne faites pas aux autres ce que vous ne voudriez pas que l'on vous fît » ; et la question des races, comme la question sociale ne se poserait pas. Mais ces principes ne sont pas des articles d'exportation, et on les applique le moins possible ; c'est pourquoi j'ai demandé souvent qu'on y substituât de nouveaux devoirs, des devoirs vraiment humains et non pas seulement personnels ou nationaux. Avec le progrès actuel et toujours croissant des communications entre les peuples, de grands devoirs généraux finiront par se superposer à l'ensemble de nos devoirs domestiques ; la Révolution Française nous a donné la déclaration des Droits de l'Homme ; ce n'est pas assez, il faut nous acheminer maintenant à une déclaration plus désintéressée, plus généreuse, plus internationale. Les conférences de La Haye ne sont qu'un début, nous arriverons un jour à la déclaration des Devoirs de l'Homme. L'article 48 de la Convention pour le réglement pacifique des conflits internationaux a inscrit pour la première fois, sur l'initiative de la France, le mot « *Devoir* » dans un traité international ; c'est un embryon.

En attendant, sans viser trop haut, respectons les autres races dans notre intérêt plus encore que dans le leur. C'est notre intérêt individuel et notre intérêt national.

En Tunisie où, par le Protectorat, par le régime de l'Association, par la coopération des indigènes au Gouvernement de leur propre pays, nous avons évité la triste désorganisation de notre régime Algérien, — et nous avons, en tous cas, réalisé un progrès indéniable sur le passé, — j'ai toujours vu le bon colon récompensé par l'amitié des indigènes et le Gouvernement lui-même a recueilli les bénéfices de sa tolérance, sous forme de tranquillité, d'accroissement de ses recettes, de prospérité pacifique enfin, La tolérance nous a épargné des expéditions ruineuses ; c'est pourquoi le régime du Protectorat fut si critiqué par les partisans de la manière forte.

C'est en Tuuisie que j'ai fait mon apprentissage de la Conciliation. En somme le succès de la France en Tunisie s'explique parce que nous avons dominé notre orgueil et non pas seulement celui des Arabes.

Le secret de toute action humaine vraiment féconde c'est, en dernière analyse, la justice et la douceur. La violence ne sème que la haine ; l'iniquité ne prépare que des représailles.

Tout pays où ces axiomes élémentaires sont encore considérés comme des naïvetés est un pays menacé ; le châtiment le guette sous une forme ou sous une autre et ce châtiment sera terrible.

Tout d'abord c'est la rancune, le mépris qu'une domination violente étrangère inspire aux indigènes ; des haines silencieuses mais profondes s'accumulent ; elles livrent nos installations à la merci d'un soulèvement que la première occasion favorable fait éclater.

Que seraient nos installations Françaises, Anglaises, Hollandaises, Allemandes, Russes, Espagnoles ou Portugaises, en Extrême-Orient par exemple, dans un océan de populations hostiles ? Ces populations nous ne pouvons songer, les uns et les autres, à les maintenir sous notre joug qu'à la condition de les conquérir moralement s'il est possible et non pas seulement matériellement. En d'autres termes, il faut faire oublier notre conquête matérielle par notre conquête morale, de sorte qu'elle soit un bienfait et non un fléau.

Il y a longtemps que j'ai dit : la vraie défense de nos colonies c'est la sympathie des indigènes. Contre la haine qui guette et attend son heure, il n'y a que des illusions à nous faire ; des illusions dont l'ignorance seule est dupe.

Ce n'est pas tout ; un autre châtiment nous menace, les uns et les autres ; il est perceptible déjà. Voyez ce que sont, dans les grands ports militaires, les troupes qui reviennent des colonies avec des mœurs de conquérants. Quel est l'homme blanc même excellent qui peut être sûr de résister dans les espaces sans bornes de nos diverses colonies Européennes, à la démoralisation effrayante d'un pouvoir sans contrôle, jointe à celle de la solitude, du climat ? Quel est l'homme blanc qui ne s'est pas crû plus ou moins *le maître* en Afrique, en Asie ? le maître d'agir à sa guise, d'opprimer ?

Aussi, en dépit des résistances et des protestations des meilleurs, il se fait parmi les blancs livrés à eux-mêmes une sélection lamentable, à rebours, une culture de la brutalité dont on rapporte ensuite les traditions, les vices dans la Métropole ; et le mal que nous avons cru pouvoir faire aux autres impunément, au loin, retombe sur nous-mêmes. Celui qui a voulu dominer s'est abaissé ; le poison qu'il a cru verser autour de lni l'a pénétré.

Heureusement, tout excès provoque en nous sa réaction, sa protestation et nous voyons aux colonies, parmi les explorateurs, les officiers, les hommes d'énergies et d'action que pousse une volonté ardente d'être utiles, des caractères admirables, des apôtres, dont la bonté rachète l'erreur des autres : Là, comme ailleurs, mais plus brutalement se poursuit la lutte du bien et du mal. En face des vieux instincts de pirates et de négriers, se dressent des âmes de saints ! là, comme ailleurs, celui qui s'élève au-dessus de lui-même élève son pays et l'humanité. Mais le problème n'en reste que plus nettement posé. Il se résume ainsi : Le

blanc qui n'aspire qu'à se faire craindre des indigènes est détestable et détesté ; il attire sur lui,
sur son pays, sur sa race, des vengeances qui
n'atteindront peut-être que ses fils, mais qui
seront d'autant plus terribles qu'elles auront été
plus lentes à s'exercer. En sorte que le dernier
mot de l'éducation des indigènes c'est l'éducation
préalable des blancs, c'est la culture de l'esprit de
justice, c'est l'abaissement de notre orgueil, c'est
le respect des droits d'autrui.

Ces grands mots n'étaient que des mots jadis :
on en riait ; aujourd'hui ils vivent, se propagent
et s'imposent. Je les ai vus triompher, quoi qu'on
en dise, aux deux conférences de La Haye où les
représentants des races « soi-disant inférieures »
ont pu discuter librement avec ceux des plus
grandes puissances et faire triompher, aux
applaudissements de tous, les principes les plus
généreux et les plus sages, obliger la force à
commencer de s'incliner devant le droit.

Ce n'est qu'un commencement, je le sais ; mais
ces grands débats nous acheminent à découvrir le
monde, à nous mieux connaître nous-mêmes. Ces
rapprochements internationaux ont l'heureux effet
de stimuler, chez les uns et chez les autres, l'éducation nationale, l'éducation morale, et, finalement, l'éducation générale ; ils nous apprennent
à nous discipliner, à discipliner notre égoïsme ;
ils éclairent notre conscience et nous découvrent
notre véritable intérêt. Le reste vient ensuite par

surcroît. Les blancs seront d'autant plus respectés et plus aimés qu'ils seront vraiment supérieurs, et non seulement les plus instruits et les plus forts.

Déjà un immense progrès a été réalisé le jour où tous les Etats, sans distinction de races, petits ou grands, ont eu à La Haye chacun une seule voix pesant exactement le même poids que les autres. On ne reviendra pas sur ce progrès : à chacun sa voix, à chacun son droit, à chacun sa part dans le Monde.

C'est une ère nouvelle qui commence ; il s'agit maintenant de conserver les résultats acquis ; que chacun en profite en contribuant par sa propre organisation nationale au progrès de l'organisation générale.

D'ESTOURNELLES DE CONSTANT

# TABLE DES MATIÈRES

❖ ❖




LA FLÈCHE. — IMPRIMERIE CHARIER-BEULAY.

CONCILIATION INTERNATIONALE

❧ ❧

# Sommaire

## des Volumes et Balletins

publiés

pendant les années 1909 et 1910

☨ ☨

# ANNÉE 1909 [1]

❖ ❖ ❖

N° 1 — JANVIER

**L'Accord des deux Amériques,** par
M. Joachim Nabuco, Ambassadeur du Brésil à
Washington. (Traduit de l'anglais par M. J. Rais).

—

Introduction de M. d'Estournelles de Constant.

Discours prononcé le 28 Août 1908, par M. Joachim
Nabuco, devant l'Université de Chicago.

(32 pages).

(1) Collection en vente au dépôt de l'Imprimerie, chez M. CHARIER-BEULAY, à LA FLÈCHE (Sarthe), contre mandat de 15 fr. 50 par collection, ou, par exemplaire séparé, aux conditions suivantes :

Les numéros 1, 2, 4, 5, 6, 7, 8, 9 et 10 au prix de 1 franc l'exemplaire, franco.

Les numéros illustrés 3, 11 et 12 au prix de 3 fr. 50 l'exemplaire, franco

S'adresser directement à La Flèche.

crédit de cent mille francs ; La promotion des Aviateurs ; Les conférences au Sénat ; Lettres de MM. de Freycinet et Léon Bourgeois ; Conférences de M. le Commandant Bouttieaux, de M. P. Painlevé et allocution de M. le Président du Sénat.

*Diverses applications de l'Aviation* : La science ; la guerre et la paix ; le tourisme.

Le premier Salon de l'Aéronautique.

Conclusion : *L'Organisation*, par M. P. Painlevé.

Appendice : La manifestation du 17 février à la Chambre des Députés : Allocutions de MM. H. Depasse et Brisson. — Liste des Membres du Groupe de la locomotion aérienne et du Groupe de l'Aviation à la Chambre et au Sénat. — Bibliographie.

Cet ouvrage est illustré de 40 gravures hors-texte, se divisant en trois catégories : 1º Ballons sphériques ; 2º Ballons dirigeables ; 3º Plus lourds que l'air.

(320 pages).

❦

Nº 4 — AVRIL

## La Conciliation et le Système Métrique ; Dîner FOERSTER du 23 Mars 1909.

—

Le dîner annuel de la Conciliation.

Résumé d'une Conférence faite par M. Ch. E. Guillaume, Directeur-adjoint du Bureau International des Poids et Mesures, à l'Hôtel des Sociétés Savantes.

Dîner à l'hôtel du Palais d'Orsay sous la présidence de M. d'Estournelles de Constant : Discours de M. d'Estournelles de Constant ; Discours de M. Darboux ; Discours de M. F. Buisson ; Discours de M. le P^r W. Foerster.

(32 pages).

Réponses à certaines objections, par M. d'Estournelles de Constant. (Extrait de la *Revue*).

Sentence arbitrale dans l'affaire de Casablanca. (Texte officiel).

Ce bulletin est orné d'une illustration représentant une composition symbolique qui figurait sur le menu du banquet du Kaiserhof.

(72 pages).

Nº **7** — JUILLET

**La fausse route :** Discours prononcé en faveur de la limitation des armements à la séance annuelle de la Société de la Paix de New-York, par M. Andrew CARNEGIE. (Traduit de l'anglais par M. Jules RAIS).

—

Introduction. — Discours de M. Andrew Carnegie à New-York, le 21 Avril 1909.

Discours du Président N. Murray Butler à la Conférence de Lake-Mohonk, le 19 Mai 1909.

Discours de M. d'Estournelles de Constant au banquet de la Chambre de Commerce anglaise à Paris, le 29 mai 1909.

L'antagonisme Anglo-Allemand, par M. d'Estournelles de Constant. (Extrait de la *Revue* du 1er Juin).

Discours de Lord Esher, à Callander, sur la nécessité de la suprématie navale anglaise.

Une nouvelle proposition de limitation des armements au Reischtag.

(54 pages).

## La Diplomatie du Droit ;

Extraits du discours prononcé par M. Léon Bourgeois, ancien Président du Conseil, au 6e Congrès de la Paix par le Droit, tenu à Reims, le 1er juin 1909.

## Réception de M. A. Carnegie à la Sorbonne (26 Mai 1909) ;

Allocution de M. Liard, président du Conseil de l'Université. — Réponse de M. Carnegie.

## La Fondation Carnegie (Lettres et décrets constitutifs de cette Fondation).

(50 pages).



## L'augmentation des Armements.

—

Introduction par M. d'Estournelles de Constant.

Le chemin de la paix sur les mers (Lettre de M. Carnegie au *Times*, 19 juin 1909).

Le lendemain de la manifestation de Berlin : L'antagonisme Anglo-Allemand ; Lettre de Kiel à M. le Directeur du *Temps*, par M. d'Estournelles de Constant.

Ce bulletin est orné d'une illustration représentant l'Empereur d'Allemagne écoutant de la musique française à bord d'un yacht français.

(40 pages).

# Les Parlementaires Russes et Ottomans en France.

—

Introduction par M. d'Estournelles de Constant.

Les Parlementaires Russes en France : Le banquet ; La journée de l'Aviation ; La bonne semence.

La Délégation du Parlement Ottoman en France : Le banquet de l'Association des Amis de l'Orient ; Le déjeuner du Groupe de l'Arbitrage ; Le déjeuner de la Ligue Franco-Ottomane.

Correspondance. — La Douma : Le Groupe de l'Arbitrage de la Douma ; Correspondance du Groupe Parlementaire français de l'Arbitrage avec la Douma.

Le Parlement Ottoman : Lettre de M. Joseph Reinach sur le Parlement Ottoman ; Correspondance du Groupe Parlementaire français de l'Arbitrage avec le Parlement Ottoman ; Les lettres de Mohammed Arslan.

Un appel à nos Collègues des Parlements Russe et Ottoman.

Programme et liste des Membres du Groupe de l'Arbitrage (avec carte géographique de la France et des circonscriptions représentées au Groupe pendant la législature 1906-1910). — Programme de la Conciliation Internationale.

Ce bulletin est illustré d'une gravure représentant Blériot volant en l'honneur des Parlementaires Russes et du Groupe Sénatorial de l'Aviation à Douai (9 juillet 1909).

(140 pages).

## L'Aviation triomphante.

—

Avertissement, par M. d'Estournelles de Constant.

Le témoignage de l'Institut de France, par MM. Ch. Bouchard, P. Painlevé, E. Lavisse.

La traversée de la Manche en aéroplane, par MM. Blériot et P. Painlevé.

La Grande Semaine de Reims, par Paul Rousseau.

Les Deuils. — Nouveaux triomphes : Vues d'avenir.

Les progrès de l'Allemagne.

La manifestation du 10 Novembre au Sénat.

Conclusion : Le triomphe humain, par Pierre Mille.

Annexes : Liste des Membres du Groupe de l'Aviation au Sénat. — Liste des Membres du Groupe de la Locomotion aérienne à la Chambre des Députés.

Programme du Groupe Sénatorial de l'Aviation.

Programme du Comité de Défense des Intérêts Nationaux.

Programme de la Conciliation Internationale.

Extrait du programme du Groupe Parlementaire français de l'Arbitrage International.

Ce volume est illustré de 36 gravures hors texte.

(420 pages).

# Les Parlementaires Français en Scandinavie.

Introduction, par M. d'Estournelles de Constant.

Institutions politiques des trois pays Scandinaves, par M. Etienne Flandin.

LES PRÉPARATIFS ET LE DÉPART. — Texte officiel des invitations. — Programme et règlement du voyage. — Liste des Membres de la Délégation française.

EN DANEMARK : Réception à Gedser ; Arrivée à Copenhague ; Visite à l'Exposition française des Arts décoratifs ; Visite du château de Kronborg ; Dîner de la Municipalité ; Visite du château de Frederiksborg ; Réception par le Prince Royal au château d'Amalienborg ; Dîner du Parlement ; Représentation de Gala au théâtre Royal ; Départ de Copenhague pour la Suède.

EN SUÈDE : Arrivée à Malmo ; Visite à Svalof ; Arrivée à Stockholm ; Déjeuner de bienvenue au palais du Riksdag ; Excursion en ville ; Excursion sur le lac Maelaren ; Dîner offert à Hasselbacken par le Groupe Suédois de l'Union Interparlementaire ; Garden party au Palais Royal ; Départ pour Gripsholm ; Visite au château de Gripsholm ; Visite au château d'Ericsberg ; Départ pour Kristiania.

EN NORVÈGE : Arrivée à Moss, à Kristiania ; Dîner au pavillon de Dronningen ; Excursion à Sundvollen ; Banquet offert par le Storting Norvégien ; Visite du musée des Beaux-Arts ; Visite au pavillon de Frognersæteren ; Visite à l'Institut Nobel ; Hommage à M. Frédéric Passy ; Soirée musicale et souper au Palais Royal ;

Départ pour Bergen ; Arrivée à Bergen ; Déjeuner offert par la Municipalité ; Visite au pavillon de Floïen ; Retour à Kristiania ; Départ pour Copenhague.

Arrivée à Copenhague ; Départ pour la France.

Conclusion, par M. d'Estournelles de Constant.

Annexes : Texte des Conventions d'Arbitrage conclues entre le Danemark et la Hollande, entre la France et le Danemark ; Mémoire sur les Conseils de Tutelle en Suède. — Programme du Groupe de l'Arbitrage ; Programme de la Conciliation Internationale.

Ce volume contient également 44 gravures hors texte.

(444 pages).

# ANNÉE 1910

### ✱ ✱ ✱

## Notre Visite au Parlement Russe.

—

Introduction par M. d'Estournelles de Constant.
Note sommaire sur la Douma et le Conseil d'Empire
par M. Henri Fromageot.

—

**Les préparatifs et le départ.** — Les préparatifs.
— De Paris à St-Pétersbourg. — La presse.

—

**A Saint-Pétersbourg.** — Le programme des
réceptions. L'arrivée et la réception à la gare. Réception chez le Prince Paul Troubetzkoï. Dîner à l'Ambas-
sade de France. Visites à la Sépulture Impériale, à la
Cathédrale de la Résurrection, au Musée de l'Empereur
Alexandre III. Réception par sa Majesté l'Empereur à
Tsarskoïé-Selo. Réception par le Groupe Russe de
l'Union Interparlementaire de l'Arbitrage et par la Dou-
ma : Les discours. Spectacle de Gala au Théâtre Impérial
au profit des inondés de Paris. Visite aux institutions
françaises de bienfaisance. Réception par la section de
Saint-Pétersbourg de la Société Russe de la Paix :
(Conférence de M. d'Estournelles de Constant sur « le
Patriotisme et la Paix »). Le banquet parlementaire :
Les discours prononcés. Les *Sokols*. Réception chez le
Comte et la Comtesse Orloff-Davidoff. Visites au
Musée de l'Ermitage, au Palais d'Hiver, au Conseil de
l'Empire, à la Banque de l'Etat, à la Presse, à la Dou-
ma de l'Empire. Séance de l'Alliance Française et

Conférence de M. d'Estournelles de Constant. Départ pour Moscou.

—

**A Moscou.** — Le programme des réceptions. L'arrivée à Moscou. L'enthousiasme populaire. Visites au Kremlin, aux églises, à la cathédrale du St-Sauveur, au Trésor, à la maison des Boïars Romanoff, etc. Banquet offert par les représentants du Commerce et de l'Industrie : Les discours. Réception à l'Hôtel-de-Ville. Visite de la Galerie Tretiakoff et des grandes Galeries du Commerce. Excursion à la *Montagne des Moineaux.* Visite de l'usine de M. Prokhoroff. Représentation de Gala organisée par la Municipalité au profit des victimes des inondations de Paris. Visite à l'Université : L'accueil des Etudiants. Visite des œuvres de la Colonie française. Déjeuner au restaurant Circassien. Excursion au champ de courses au trot ; Visite au Koustarny-Musée. Réception chez le Prince Paul Dolgoroukoff. Conférence sur « le Patriotisme et la Paix » par M. d'Estournelles de Constant. Communication du Prince Paul Dolgoroukoff. Adresse des femmes Russes. Lettre du Comte Tyszkiewicz. Concert donné par les étudiants et les étudiantes de l'Université de Moscou. Réception au Cercle artistique et littéraire de Moscou. *Le cas de conscience*, discours prononcé par M. d'Estournelles de Constant au Cercle littéraire de Moscou.

—

Départ pour la France. — Le voyage de retour. — L'arrivée à Paris.

—

Témoignages de sympathie. — Le Pt Mouromtzeff ; M. Nélidoff ; le Comte Tolstoï.

Conclusion, par M. d'Estournelles de Constant.

—

Annexes. — La lettre fondamentale du Comte Mouravieff, point de départ officiel du mouvement et de l'organisation pacifiques (24 Août 1898). La campagne de Russie. Programme de notre Comité de Défense des Intérêts Nationaux (Mars 1901) (avec une carte résumant l'action intérieure du Comité et son expansion au dehors (1895-1909). Extrait du programme et liste des membres de notre Groupe Parlementaire Français de l'Arbitrage (Mars 1908), (avec deux cartes des circonscriptions représentées au Groupe pendant les législatures de 1906-1910 et 1910-1914). Programme de la Conciliation internationale (Mars 1905).

Ce volume est illustré de 30 gravures hors texte.

(312 pages).

N° 4 — AVRIL

## L'Assemblée générale du 18 Mars 1910 : Compte-rendu de la réunion.

—

Allocution de M. d'Estournelles de Constant. — Allocution de M. J. Brown Scott. — La situation financière.

I. **L'Action de la Conciliation :** Les cas de conscience. — Nouveaux concours. — L'école de la paix. — Les Congrès internationaux. — L'Aviation. —

Pour l'Arbitrage. — La fondation Carnegie. — Nos Bulletins. — Conférences.

II. **Les consécrations :** Les inondations de Paris. — Le hero-fund Carnegie. — La conférence de Berlin. — L'Alsace-Lorraine. — Visite des Parlementaires Russes et Ottomans en France ; Visite des Parlementaires français dans les pays Scandinaves et en Russie. — Correspondance. — Réceptions. — Les Conventions de La Haye. — Les débats parlementaires. — La Paix par le Droit et la Revue de la Paix. — Le bulletin des documents parlementaires étrangers. — Le prix Nobel de la Paix. — Allocution de M. de Quesada.

III. **Nos projets, nos études :** La limitation des armements. — Conférence de Lake-Mohonk. — Le séjour du président Roosevelt en France. — Le Comité de rapprochement franco-allemand. — La carte internationale du monde. — Voyage au Canada. — Nécrologie.

(72 pages).

N° 5 — MAI

**La propagande pacifique au Japon ;** Rapports de M. le Dr Tsunejiro Miyaoka, Secrétaire général de la Conciliation Internationale au Japon, pour 1910, avec une introduction de M. d'Estournelles de Constant, Sénateur.

*Gravure :* Le Comte Okuma présidant la Société de la Paix à Tokio.

(36 pages).

N° 6 — JUIN

## La protestation du P<sup>t</sup> N. Murray Butler ; Discours prononcé à l'ouverture de la Conférence de Lake-Mohonk, le 18 Mai 1910, avec une introduction de M. d'Estournelles de Constant.

Protestation contre l'accroissement général des dépenses de guerre.

(24 pages).

N° 7 — JUILLET

## La langue internationale auxiliaire de l'avenir ; Communication faite au Groupe Parlementaire de l'Arbitrage par M. Jacques Novicow.

—

Introduction par M. d'Estournelles de Constant.

Le français langue auxiliaire de l'Europe, par M. Jacques Novicow. — Hommage au Président Roosevelt. — Réception du Maréchal Hermès de Fonseca par le Groupe Parlementaire français de l'Arbitrage. — Réception de la Délégation Ottomane. — Hommage à Bjœrnstjerne-Bjœrson. — Hommage au Roi Edouard VII. — Hommage aux héros de la Navigation aérienne.

(72 pages).

**Les Femmes et la Paix ;** Résumé des Conférences faites sur ce sujet par M. D'ESTOURNELLES DE CONSTANT à l'Université populaire du faubourg Saint-Antoine et aux Sociétés Savantes, à Paris.

(24 pages).

**L'organisation de l'Union Interparlementaire ;** Observations présentées à la Conférence de l'Union Interparlementaire à Bruxelles, par M. D'ESTOURNELLES DE CONSTANT.

—

Liste des Membres et extrait du programme du Groupe Parlementaire français de l'Arbitrage (avec deux cartes des circonscriptions représentées au Groupe pendant les législatures 1906-1910 et 1910-1914).

(60 pages).

**Les progrès de l'Arbitrage à l'Exposition de Bruxelles,** par M. Ch. DUFFART ; (avec la reproduction des tableaux exposés et divers graphiques).

(16 pages).

Nº 11 — NOVEMBRE

**Le remède à la paix armée,** par M. D'ESTOURNELLES DE CONSTANT.

—

**Le développement récent du Pacifisme Allemand,** par M. Alfred H. FRIED.

Traduction de M. Th. RUYSSEN, professeur à la Faculté de Bordeaux.

Introduction et notes par M. D'ESTOURNELLES DE CONSTANT, sénateur.

(80 pages).

Nº 12 — DÉCEMBRE

**La politique extérieure de la France en 1910 et la paix internationale. — Le Congrès international des Races en 1911, à Londres. Le devoir et l'intérêt de la race blanche dans ses rapports avec les autres races,** par M. D'ESTOURNELLES DE CONSTANT.

(32 pages).

# UN RÉSULTAT DE LA CONFÉRENCE DE LA HAYE

*Carte présentée par le Ministère des Affaires étrangères de France
à l'Exposition de Londres (Mai-Octobre 1908)*

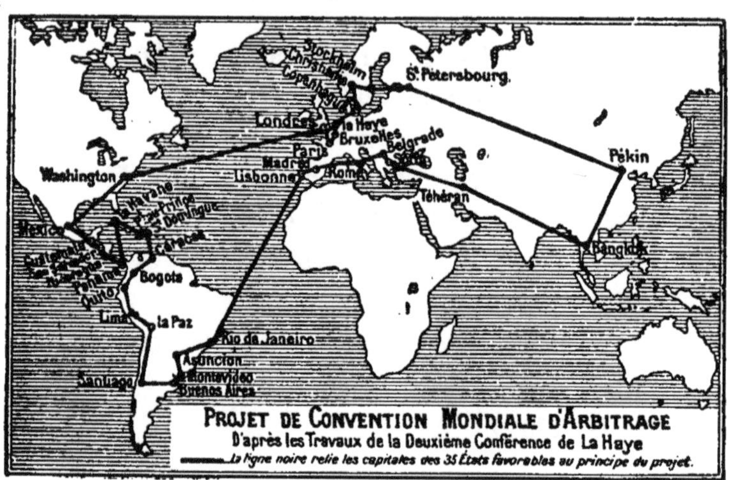


Édité par la CONCILIATION INTERNATIONALE, 78bis Avenue Henri-Martin, Paris

A la première Conférence de La Haye, en 1899, le principe de l'Arbitrage Obligatoire avait été posé mais écarté, faute d'une majorité pour le soutenir.

A la deuxième Conférence, en 1907, le même principe, posé de nouveau, est accepté cette fois par 35 Puissances sur 44 Puissances représentées.

Cette majorité, composée de toutes les Républiques Américaines et des États dont les capitales sont reliées entre elles sur cette carte, représente un milliard 285 millions d'habitants et constitue pour la première fois le bloc de la justice internationale et de la paix dans le Monde. La minorité composée de 5 opposants : l'Allemagne, l'Autriche-Hongrie, la Roumanie, la Grèce et la Turquie ; plus 4 abstentions : le Japon, la Suisse, le Monténégro et le Luxembourg, représente 222 millions d'habitants, soit un sixième de la majorité. — Encore les oppositions ou les abstentions ont-elles été motivées par des considérations d'opportunité et non *d'hostilité systématique*.

Il est donc vraisemblable que la troisième Conférence verra tous les États s'unir sans exception par un traité mondial d'arbitrage, comme ils le sont déjà par la convention postale universelle.

# PROJET
## DE
# CONVENTION UNIVERSELLE D'ARBITRAGE OBLIGATOIRE
### ÉLABORÉ PAR LA DEUXIÈME CONFÉRENCE de LA HAYE
**Repoussé par 5 Puissances sur 44, adopté par 35 et 4 Abstentions**
*(Séance du 5 Octobre 1907)*

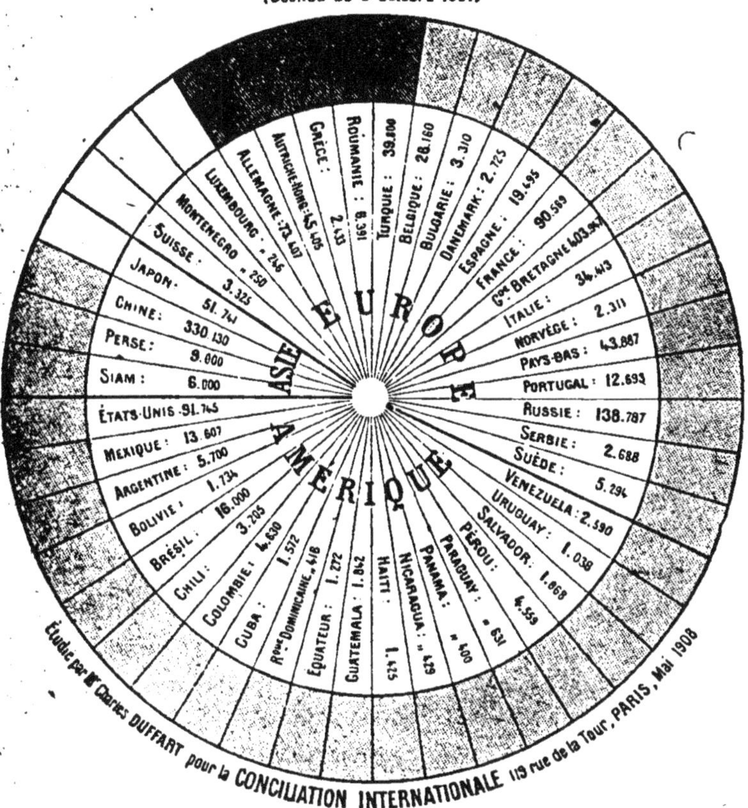


## LÉGENDE

Les **CHIFFRES** inscrits dans ce cercle sont extraits des Almanachs de Gotha ; ils **EXPRIMENT** **LA POPULATION MÉTROPOLITAINE ET COLONIALE DE CHAQUE ÉTAT**
Les chiffres gras représentent des **MILLIONS**

| | | |
|---|---|---|
| **POUR** | 35 PUISSANCES | 1.285.272.000. hab.ts |
| **ABSTENTIONS** | 4 PUISSANCES | 55.562.000 . |
| **CONTRE** | 5 PUISSANCES | 187.436.000 . |

Document de la Conciliation Internationale

www.ingramcontent.com/pod-product-compliance
Ingram Content Group UK Ltd.
Pitfield, Milton Keynes, MK11 3LW, UK
UKHW031758170726
13836UKWH00003B/1049